Pierre Milliez

Aux trois amours

Deuxième édition revue et augmentée

Du même auteur aux éditions Books on Demand

Témoignage
J'ai expérimenté Dieu

Études
La Résurrection au risque de la Science
ou étude scientifique de la résurrection de Jésus
à partir de la Bible et des 5 linges

Jésus au fil des jours I/III de la promesse à l'an 27
Jésus au fil des jours II/III de l'an 28 à juin 29
Jésus au fil des jours III/III de juin 29 à l'an 30

Pièces à conviction du Messie d'Israël
ou étude des reliques de Jésus

La somme existentielle, I/III Le mystère de Dieu
La somme existentielle, II/III Le mystère de l'homme
La somme existentielle, III/III La divinisation de l'homme

Conte poétique et philosophique
Le petit d'homme
L'élu

Roman
Le signe de Dieu

Recueil poétique
Aux trois amours

© 2020, Pierre Milliez
Éditeur : BoD – Books on Demand,
12/14 rond-point des Champs Élysées, 75008 Paris
Impression : BoD – Books on Demand, Allemagne

ISBN : 9782322202546
Dépôt légal : Janvier 2020

Dédicace à mon épouse Anne

Ces quelques mots maladroits,
qui veulent dire comme il se doit,
ce qui chante au fond de moi :
l'onde primitive qui baigne
l'univers et mon émoi,
et qui fait que le cœur saigne ;
la douce ode que je pleure,
pour le parfum d'une fleur,
cette pudeur d'affection,
qui t'aime sans défection.

Je dédie la dernière partie de ce livre à Raymond Devos,
Le magicien des mots,
Le funambule du réel à l'imaginaire,
Le clown éternel…

« La beauté sauvera le monde »
    Fédor Dostoïevski

« À l'origine de tout ce qu'il y a de grand sur terre, il y a un acte d'Amour »
    Rabindranath Tagore

Sommaire

1 L'amour de la terre à la Corrèze	9
Le délitement de la ville	10
Civilisation !	11
Les Flandres	12
Aubazine	14
Le canal des moines	16
Tulle aux sept collines	17
Collonges la rouge	20
Curemonte	23
Uzerche, perle du Limousin	25
La Voûte, le nouveau monde	26
La Voûte, 25 ans (14 et 15 août 1999)	28
2 L'amour de la femme à Anne	31
Demain je partirai...	32
Hélène et Arnaud	33
Centenaire !	35
Égarement de jeunesse	36
Taizé 1976	37
La femme éternelle	39
Le Rêve	40
Les fiancés de l'an 76	42
Toi et moi	45
Avec 3 mots……	46
Cinq sens	47
L'inachevé	50
J'aime avec A, avec I, avec M, avec E,	51
Anne et l'antan	52
Pierre et Anne	54
La déchirure	55
3 L'amour de l'art à Dieu	59
Nuit gigogne	60

La sarabande des lettres et des couleurs	61
De la lettre au livre	63
Chartres en Beauce	64
La Moldaü (Smetana)	65
L'Art sublime	67
La mer et le Père	69
La chute ascensionnelle	71
L'onde d'amour	73
Écoute Israël	74
Le signe de Dieu	76

4 Jeux de mots — 79

Le jour du jour	80
Les points	83
Différentes lettres	86
Histoire de mots	89
Histoire de bouts	92
Rien, c'est quelque chose	94
L'œuf et la poule	96
Le pas premier	98
Dites le avec des Fleurs	100
Feu le feu	101
Le sens bon	103
Le jour et la vie	104
La voix, la voie	105
Dans le fond	107
Tomber, la chute	109
Le fin du fin	112

1 L'amour de la terre à la Corrèze

Le délitement de la ville

Un jour je m'éveillais dans une vieille ville,
et je marchais sur le macadam gris,
dans un dédale de rues tristes,
entre des immeubles vides.

Et tandis que je naviguais à la dérive,
un étrange vague à l'âme me pris,
comme le souvenir d'une absence,
comme le souvenir d'un autre monde.

Et tandis que je fermais les yeux,
fatigué de ce monde ennuyeux,
je vis la vie naître de l'absence de vie,
la métamorphose des natures mortes.

Les murs s'écroulèrent en rochers,
les charpentes se redressèrent en arbres,
les vitres redevinrent sables,
les robinets sources, les conduites ruisseaux.

Je retrouvai un calendrier sur une porte,
qui se fit feuilles sur un arbre,
mais j'eus le temps de lire l'année,
et je m'aperçus que j'avais mille ans...

Et comme je rêvais que je m'éveillais,
je compris que mon rêve était ma réalité,
et que la réalité n'était que mon rêve,
le rêve du paradis perdu…

Civilisation !

La rue déroulait son macadam, gris.
La ville étalait ses falaises de béton, sales.
Les nuages tenaient la ville dans un cocon, triste.
Je marchais dans les rues désertes, seul.

Un cri se fit entendre, soudain.
Un rescapé du grand bond en avant surgit, blanc.
Un oiseau épuisé dans l'air voletait, libre.
Je jubilais dans la jungle de béton, d'acier et de
                                        verre, la vie.

Je suivais l'oiseau dans les méandres de la ville,
                                        sombre.
L'oiseau se reposait semblant m'attendre, joie.
L'oiseau me fit marcher des jours et des jours, pur.
L'oiseau m'amena au bout du monde, civilisé.

Je vis dans le lointain une lumière, belle.
Je compris en m'approchant, d'elle,
que je n'avais cheminé de toujours, triste,
enfermé dans un tunnel et sa lumière, artificielle.

Je pénétrais brutalement dans ce nouveau monde,
l'air sentait les milles parfums de la liberté retrouvé,
et derrière les fleurs et les fougères,
l'eau chantait d'harmonie avec ma colombe.

Dieu avait gardé un coin de vie,
un coin de paradis, malgré l'homme.
Malgré l'homme, Dieu avait su préserver
une zone de fraîcheur et d'innocence.

Les Flandres

Le ciel était dessin couleur mélancolie
avec de noirs desseins pour ultime délit,
et des eaux en vapeur à boire à la lie,
et des canaux de peur s'échappant de leur lit.

Les nues interdisaient l'idée de clémence,
les bruines et ondées à bout de démence,
et des vagues flottes à délaver les os,
et des vents pénétrant par tous les pores d'eaux.

La terre se pétrifiait du frappement fatal
D'hordes sanguinaires, séculaires brutales,
et de leurs chevauchées fantastiques et sauvages
venant butées en trombe aux ultimes rivages.

Les côtes se burinaient aux brisantes vagues
des déferlantes marées équinoxes divagues,
et se ciselaient aux vents des larges horizon
venant des terres lointaines jusqu'à la déraison.

Le pays s'écartelait de frontière en mer
se crucifiant aux quatre vents moites et amers,
et les champs succédaient aux champs laissant séant
un damier irrégulier pour quelques géants.

De maigres boqueteaux et arbres singuliers
donnaient au paysage un rythme régulier.
Maints clochers, çà et là, tentaient d'atteindre un ciel
trop bas, si bas qu'il en écumait démentiel.

Les hameaux épars et les fermes isolées,
de briques et de tuiles délavées et désolés,
concouraient par l'insulte des temps à l'ennui,
qui même pour les âmes bien nés à force nuit.

La montagne s'élevait de terrils en terrils,
comme pour prévenir de la mer les périls.
Elle imprégnait de poussière les tristes corons,
et la végétation à vous faire du mouron.

La vie c'était la mine où les vies s'exposaient
pour les gueules noires aux poumons silicosés,
et tous les hauts fourneaux et leur froideur d'acier
avec la brûlure des fours pour faces émaciés.

La vie c'était les autres, compagnons d'un seul jour,
amis des vaines luttes, compagnons de toujours.
La vie c'était les autres, compagnons de malheur,
frères de destinée, compagnons de toute heure.

La vie, c'était la fête toujours renouvelée,
et le sourire d'une gueuse comme tout premier lait,
et le rire des potes comme des soleils éclatés,
sur les faciès où les labeurs sont relatés.

La vie, c'était l'oubli dans les bras d'une princesse,
et le temps d'une valse ne plus se rappeler,
et avoir des mômes comme des chapelets,
pour unique prière, pour dernière richesse.

Aubazine

Le ciel se saturait de maussades nuages,
ce jour je gravissais, essoufflé et en nage,
cette douce colline de hauts bois chevelues,
de chênes rabougris en conifères velues.

La montagne suait de ses pores la brume,
et moi je fumais l'eau, en vapeur d'écume,
de cette terre emplie de ruisselantes sources,
de cascades en rivières, aux rugissantes courses.

Les maisons m'apparurent sporadiques et massives.
Je voyais dessus les toits les cheminées passives,
volutes de fumées signant des arabesques,
mondes oubliés, monstres et démons dantesques.

Le village s'accrochait aux murs du monastère.
j'approchais des demeures aux façades austères,
grisées par une bruine leurs donnant l'air éteint
des sombres pénitents du moyen âge. Soudain,

l'abbatiale s'alluma d'une pluie de rayons,
et je me pétrifiais, du soleil les haillons,
resplendit du cœur de mille pierres, une fleur,
en croisée de transept où l'éternel affleure.

Le clocher se vrillait de quatre en huit pans,
et je m'étourdissais, de son sobre tympan,
de sa nef principale qui d'un tiers altéré
permettait la fontaine pour se désaltérer.

La louange s'éleva telle une vive flamme,
et j'entendis l'hymne, blesser, fondre mon âme,
en un tourbillon de huit siècles de rappel,
restituait du roc en un vibrant appel.

Saint Etienne m'apparut en ce lieu fondateur,
et je vis de l'époque les humbles novateurs,
cisterciens traversant les temps de leur labeur,
imprimant la pierre de leur éternel ferveur.

Le canal des moines

Les tréfonds d'une gorge où les versants se tachent
d'ombre et de lumière, de verdure et de nu, cachent
un oasis ; sous le bois que le soleil baigne :
un nid de rochers polis qu'une cascade saigne.

Né de la nuit des temps et de divine touche,
le vif Coiroux s'échappe de cette tendre couche,
s'élance impétueux, éclabousse quelques mousses,
et, aux yeux ébahis, se dérobe sous les pousses.

Enfanté par l'eau vive et la sueur de moines,
un petit canal quitte le céleste patrimoine,
piste le torrent puis, sur la falaise s'accroche,
follement suspendu par la pierre et la roche.

Plus bas, le fougueux bondit sur les cailloux, bruine,
longe un vieux monastère, ébranle ses quelques
                                                 ruines,
vibre sous le charme discret d'un myosotis,
et se grise des frêles fougères que ses flancs tissent.

L'asservi, un mille hésite entre ciel et val,
s'échappe de son carcan, et le coteau dévale,
traverse l'abbaye, assure sa sauvegarde,
et termine dans le vivier sa course hagarde.

Ainsi sont les poètes souvent fous, parfois sages,
ne sachant d'où ils viennent ni où ils vont, pélages
déchirés sans fin, de prostrations désinvoltes
en envolées mystiques, aux juvéniles révoltes.

Tulle aux sept collines

En revenant d'Ussel au soleil exposé,
je contemplais ma ville à mes pieds déposée,
sous le feu des rayons du déclin de l'été.
tel un nouveau Néron consumant la beauté,

Tuela, Tutela, Tulle, naquit du pêle-mêle
de Corrèze et Solane, grandit sous les mamelles
nourricières des deux eaux : Ceronne et Gimelle,
conquérant sept collines comme Rome, sa jumelle.

Un castrum vit le jour à l'époque romaine
sur le Mont Puy Saint Clair siège d'un grand
 domaine.
Durant le septième siècle Saint Calmine édifia
un monastère en bois qu'à Martin il dédia.

Jamais Tulle n'accepta l'étrangère oppression,
refusant aux anglais toute domination,
sur la terre limousine, ses fières baronnies,
du traité de Paris au traité Brétigny.

Sous le règne du roi Philippe six de Valois
la peste à Bubons ou "mort noire" fit sa loi,
ravageant la cité de sa désolation,
tuant prés du sixième de la population.

Cependant un saint moine de réputation
reçut une vision en pleine dévotion :
les habitants devaient marcher en procession,
robes blanches et pieds nus sans aucune exception.

Dans la cité portant de Jean Baptiste l'image,
La contagion cessa sans de nouveaux dommages.
De joies le vœu fut fait pareil pèlerinage,
renouveler en lunade pour la nuit des âges.

Les guerres de religion édifièrent les murailles,
quatorze tours s'élevèrent de bonnes tailles,
le Trec et les Barris s'isolèrent en leurs monts,
l'enceinte dessinait la ville ancienne amont.

Mais malgré les murs vint le célèbre Mandrin,
avec sa funeste horde de tristes malandrins,
qui firent dans notre ville quelques exactions,
peu avant de payer par leurs exécutions.

La contre réforme vit notre ville rehaussée
de moultes monastères : les Carmes Déchaussés,
les Récollets, les Feuillants, les Visitandines,
les Clarisses, les Ursulines, les Bénédictines.

Au grand siècle la ville catholique et loyale,
érigea la manufacture d'armes royale,
et acheva son nom de Tulle par notre poinct,
qui à la guerre des dentelles fit l'heureux appoint.

Le siècle des lumières fut rempli des ombres :
franc maçonnerie, révolution où sombre
le vertueux François l'arche de l'Auzelou
montant sur l'échafaud, victime offerte aux loups.

Suite au jour le plus long et au débarquement,
le maquis attaqua les gendarmes allemands,
quarante gendarmes périrent. Plusieurs futurs vicaires
protégèrent les blessés de F.T.P. sicaires.

La division Das Reich montant en Normandie,
depuis la cité rose siège des érudits,
voulut en représailles pendre cent vingt otages,
aux consoles électriques, aux balcons des étages.

Le prêtre Espinasse aumônier du lycée,
pria la Gestapo, sauva vingt suppliciés.
Un S.S. alsacien sauva un alsacien.
L'abbé accompagna jusqu'au bout tous les siens.

Les blessés allemands soignés à l'hôpital
évitèrent à notre ville l'holocauste total.
La division Das Reich versa encore le sang
à Oradour sur glâne de beaucoup d'innocents.

Tulle reste à jamais marqué par ce neuf juin,
les balcons ne fleurissent guère que pour les défunts,
quatre vingt dix neuf pendus furent en terre portés,
cent un tullistes furent pour toujours déportés.

Après l'hiver toujours refleurit le printemps,
et la nature patiente le gai soleil attend.
Et toi Grand Jacques qui porte ma terre d'adoption
jusqu'à Paris, n'oublies pas ta terre d'exception !

Collonges la rouge

Au cœur des châtaigniers,
des noyers alignés,
je connais un pastel
sur la voie Compostelle,
de bleu, de vert, de rouge,
à Collonges la rouge.

En couleurs capitales
bleu sous le ciel étale,
Collonges la bien nommée
colporte sa renommée,
rouge au grès de son aise
hors la verte Corrèze.

Fleuron formant sillage
pour les plus beaux villages
de France et de Navarre,
Collonges n'est pas avare
de montrer ses charmes
de duchesse de parme.

Vicomté de Turenne
au milieu des garennes,
en vieux patriarche
aux lointaines marches
du limousin assis,
elle mire le Quercy.

La ville aux vingt cinq tours
étale tous ses atours
d'enclave médiévale
au creux d'un petit val
et cultive les castels
en ses couleurs pastels.

C'est une succession
de belles constructions
de tours octogonales
carrés, jumelles, banales,
de tourelles meurtrières
posées en poivrières.

En leurs pourpres manteaux
ses modestes châteaux
et raffinées demeures
des divers gouverneurs,
écrivent en un grimoire
de pierres ses mémoires.

L'histoire des Vassinhac,
des Benge, des Maussac,
des Ramade Friac,
de la Serre, des Ceyrac.
L'histoire des sans histoire
qui n'ont aucune histoire.

Et Collonges dit Colette
en sa rouge palette,
lorsqu'en une venelle
Henry de Jouvenel
acheta pour sa reine
le gîte la sirène.

Et Collonges dit la foi
à ceux qui viennent et voient,
des pénitents l'appel
Maximin la chapelle,
et l'église édifiée
dans l'enceinte fortifiée.

Curemonte

En vacances en Corrèze libre de toute cage,
nous roulions en silence dans les vagues pacages,
quand, du vaste bocage, au détour d'un virage,
émergea des désertes vallées, un mirage :

Sur une arête rocheuse, oblongue, un village,
s'accrochant follement par crainte des pillages,
à deux châteaux jumeaux, enclos, de belles tailles,
comme à des chevaliers, la peureuse piétaille.

Curemonte se protège par trois châteaux alliés :
La Johannie, deux ailes et une tour escalier,
Saint Hilaire, ses tours carrés défensives d'essence,
Plas, ses tours rondes massives et parées renaissance.

Curemonte s'embellit de sept nobles maisons,
avec de modestes huis surmontés de blason,
des fenêtres à meneaux et de petites tourelles,
que survolent impassibles de blanches tourterelles.

Curemonte se lénifie d'églises romanes :
Saint Barthélémy, ses autels, lieux de la manne,
Saint Genest, ses peintures, ses cloches protégées,
Saint Hilaire, son abside de corbeaux ouvragés.

Curemonte s'éternise sous la plume de Colette,
en dessin pastoral sous sa verve palette,
d'hirondelles et martinets en ses hautes murailles,
aux marguerites et mauves parmi ruines et
                                          pierrailles.

Nous quittâmes ce rêve sous le soleil couchant
par la route bordée d'un liseré touchant,
de fougères et de feuilles, ocre rouge automnal,
sous le regard fuyant d'un pays anomal.

Le bourg se dérobait dans le dernier baiser
des rougeoyants rayons par le jour apaisés,
tandis que pierre et astre s'épousaient en leur teinte
sous la vapeur du soir en une mortelle étreinte.

Uzerche, perle du Limousin

Comme une perle en un écrin de verdure,
mirant ses milles feux dans l'onde sa parure,
embrase le regard de sa lumière trop pure,
tu éblouis de ta présence et tu perdures.

Comme un fier vaisseau usé de maints abordages,
lassé de tours du monde et de sanglants ravages,
s'échoue sur quelque trop hospitalier rivage,
tu t'ancres aux rives du temps en sabordage.

Comme des joyaux sertis dans le roc lieu sûr,
gentilhommières et manoirs en robes de bure,
étalent au soleil rougeoyant leur dorure,
tu survis épousant le site et tu rassures

Comme l'oiseau-lyre de beauté sans partage,
rayonnant l'être par l'harmonie d'un ramage,
niche sa couvée au douillet de son plumage,
tu installes jardins et murets en étages.

Comme le trouvère au delà de tes hauts murs,
toi la convoitée jamais conquise bien sur,
te forge une renommée malgré tes blessures,
tu te préserves en une imprenable armure.

Qui es-tu, toi qui reçoit mon plus bel hommage,
et cache en pays Corrézien ton visage,
qui blottit au cœur du Limousin ton grand âge,
et baigne dans la pure Vézère ton image.

La Voûte, le nouveau monde

Je sais des abîmes   d'insolite horizon,
tableaux qui m'abîme à en perdre raison
quand la nuit retire   son sombre firmament
en lambeaux qu'étire   les nues en filaments.

Je connais l'aurore   des rosées humides
assombrie encore   des pastels timides
de jaune et de rose   que coupent les sapins,
squelettes moroses   au milieu des lupins.

Je connais des matins   où la chaîne des puys
se teinte d'un mutin   violet fuchsia, puis,
la voûte fulmine   bleu rose soutenu
aux sursauts ultimes   des pénombres ténues.

Je connais la saison   qui bourgeonne primats
en germe feuillaison,   où les derniers frimas
suintent des pores,   s'écoulent des layons
et s'en évaporent   aux tous premiers rayons.

Je connais les étés   où les tendres pousses
au soleil vénusté,   de feu s'éclaboussent
sous la pluie arc en ciel, quand les nuées moussent
des rêves existentiels   aux vents qui les poussent.

Je connais l'automne et les teintes flammes
des feuilles qui sonnent au vent et se pâment
au sous bois, corolles tapissés de pistils,
de ceps et girolles, de mures et de myrtilles.

Je connais des hivers peuplés de silence
où l'océan couvert de neige s'élance
à l'assaut d'ultimes fermes et étables
aux pâleurs intimes d'un ciel immuable.

Je connais des couchers flamboyant de fauve,
de milles feux cachés, violets et mauves,
qu'éclaire la gnose de la nature aimée,
la métamorphose des êtres inanimés.

La Voûte, 25 ans (14 et 15 août 1999)

Le mur en sa ruine soufflait ses dix bougies,
sous la triste bruine de l'idéologie,
peuplée d'inimitié et puis de mentir vrai,
et un autre chantier de mille années s'ouvrait…

Demain s'élèvera l'éclat de la femme,
son pied écrasera l'antique mensonge,
et par sa présence naîtra dans toute âme
la fleur d'espérance tel la nuit un songe.

Ce jour cent abîmés de vie convergèrent
au pays sublimé en terre étrangère,
vers ces temps reculés d'un univers défunt
loin du monde aculé à la course sans fin.

Plus de cent animés de désir cheminèrent
au pays tant aimé mendiants et pauvres ères,
vers le toit de la Voûte où toi tu fus ma faim
qui encore m'envoûte des sens et de parfum.

Plus de cent en été nous nous retrouvèrent,
quêteurs d'éternité et tous nouveaux trouvères,
cherchant le sens parmi la vie et le destin,
autour des bons amis au milieu des festins.

Arrivâmes chacun par le chemin des charmilles
voyageant un par un ou par grande famille.
Nous goûtâmes samedi la joie des retrouvailles
nouant l'après-midi de l'amitié les mailles.

La descente se fit au mythique ruisseau,
où certains firent fi de la source glacée,
en plongeant livides volontaires ou forcés,
dans les eaux limpides sous l'arche du ponceau.

Le jour de l'assomption pendant le déjeuner
la civilisation s'estompa aux genêts,
livrant avec égards et Pourrat et Lhermet,
à nos tendres regards par le calme charmé.

Sous la grange le soir les grands adolescents
nous firent nous asseoir pour des jeux délassants.
Dans l'expectative nous fûmes pour trouver
de façon hâtive la réponse éprouvée.

Nous chantâmes la joie en pleine nature,
le feu donna sa voix au bout des pâtures,
instant d'intensité par la fumée voilée,
au cœur l'humanité sous la voûte étoilée.

Et puis le lendemain nous bûmes nos vingt ans,
en nous prenant la main aux pinèdes d'antan,
à chacun son mari de ce monde éperdu,
mais les p'tites Marie au bois se sont perdues.

Le Mardi à trente   nous pensions à l'hiver,
en montant la pente   le tracteur en dévers,
pour hisser les bûches à flanc par entier tronc,
abeilles de ruche   et Gilles pour patron.

Nous quittâmes discret ce petit jardin Clos,
le refuge secret   où l'amour a éclos,
d'un élan de tendresse du milieu des proches,
dans l'ardente ivresse d'une fleur de roche.

Nous vîmes la ville   à chacun son destin,
son chemin débile   dans son bagne éteint,
dans la folle attente   de reprendre route
pour planter la tente   demain à La Voûte...

2 L'amour de la femme à Anne

Demain je partirai...

Demain je partirai voir ma ville natale,
se fondre, se noyer sous les eaux matinales.
Je reverrai ce ciel en deuil perpétuel,
qui pleure du soleil l'absence continuelle.

J'errerai le cœur nu, des passants ignorés,
étranger inconnu, oublié de tous et,
je fermerai sombre mon regard, doucement,
pour retrouver l'ombre d'un souvenir, maman.

J'entrerai sous le grain au cimetière de l'est.
Courbé par mon chagrin je lâcherai mon lest,
ma rosée pour fleurir le rappel d'un charme,
en venant recouvrir ta tombe de larmes.

Hélène et Arnaud

Hors voici mon dessein vous comptez de si tôt,
   Auréolé du saint   fondateur de Citeaux,
En ce lieu qu'on aime au milieu des siens,
   Robert de Molesme   père des cisterciens.

La belle Hélène vint   madone du Titien,
   Née sous Bruges les vins, les cheveux vénitiens.
Et ses yeux délicieux   chantent l'espérance,
   À Lyon sous les cieuxen droit d'assurance.

Né par le Saint Esprit   le baigneur entiché,
   Un jour pour duc fut pris, par l'anglais, en cliché.
Et ses rêves flottent   avec ce dilemme,
   Devenir pilote   ou forgeur d'ULM.

Ce sont donc deux anges qui dès lors étudient,
   Mêlant leur louange parmi les érudits.
Hélène accroche   son regard prudence,
   Invite d'approche   le temps d'une danse.

Au jardin étoilé   en terre Touraine,
   L'enfant a dévoilé   sa petite reine.
Roulant péripétie,   le feu de leur passion
   Les voie en Croatie, à Lourdes en mission.

Deux jeunes fiancés au printemps désuet,
   Idile énoncée Fourvières à souhait.
Il avoue sa flamme par les fleurs exprimées,
   Elle répand son âme à son tendre aimé.

Nous voici en saison des amours substantiels,
   Zébré sur l'horizon s'évente l'arc en ciel.
Y a-t-il déraison à chercher l'essentiel ?

Centenaire !

Du haut de ces deux vies, un siècle vous contemple
Jean-Michel et Catherine,
par prénoms enlacés, 27 novembre 2004

Jubilé au temple de l'accueil à l'envie,
    Cent ans vous contemplent du haut de ces
                            deux vies,

Et nous voilà en veille au cœur de ce foyer,
    Accueillant la merveille devant l'âtre choyé.

Après quelques bons mets, se déclament les vers,
    Tournés et parfumés, la Voûte d'univers.
Narrant la maîtresse,   Martine décoiffe,
    Habitée d'adresse,   le foulard pour coiffe.

Mimé par l'agrégé,   voilà le carabin,
    Et son béret âgé,   du bureau au jardin.
Invités sans cesse,   par quelques cordes,
    Retrouvant jeunesse, les chants nous accordent.

Calme et comique   Géry fait la presse,
    Infirmière tonique   Myrtille se presse,
Hormis ses mimiques Airelle est à l'arche,
    Nouvelle unique   Claire clôt la marche

Et voici que l'hymen   s'annonce alentour,
    Et nous dirons amen à chacun vient le tour,
Lorsque l'amour amène les enfants en retour.

Égarement de jeunesse

Au soir de votre vie quand bien vieille serez,
   Près de l'âtre froid à vos entrailles torturées,
Nue et tremblante en vos haillons déchirés,
   Invoquant ce temps éternel vous souviendrez.

De cette époque révolue où puissante étiez,
   Et où si célébrez vous fûtes quand belle restiez.
Reverrez ma force d'amour par lettres exprimées,
   Regretterez votre fier dédain périmé.

Et d'outrages des ans l'incomparable hommage
   Recevrez, avoir été aimé à tous âges.
Et un seul cri aux êtres par vous estimés
   Éblouissant, s'élèvera : "il a aimé".

Taizé 1976

A six nous quittâmes   nos viles habitudes,
en quête pour l'âme   de quelques quiétudes.
A Taizé montâmes   vers les altitudes,
en quête pour l'âme   de nos certitudes,

Les herbeuses pentes   du village Taizé
se couvraient de tentes   au confort malaisé,
sous le feu spectral   des soleils délités,
et le clair astral   des chaudes nuits d'été.

Courtes étaient les nuits, le manger fort frugal,
Mais tu chassais l'ennui, au soleil sans égal,
robe sur mesure   pétale de rose,
cheveux dans l'azur   sous un foulard rose.

Entrant avec égard,   pour la conférence
du vieux père Congard,   une référence,
il nous dit aussitôt :   « Mariés peut-être ? »
« pas encore, bientôt »   répondit mon être.

Et tel le son du cor   sa voix souveraine
clame : « le pas encore, l'attente sereine »,
et poursuit aussitôt   avec assurance :
« le désir du bientôt, la fleur d'espérance ».

L'amour, de beau épris, se trouva magnifié
par ce brillant esprit,   les jeunes édifiés
au chantre du verbe   du catholicisme
Baptiste en herbe   de l'œcuménisme.

L'envol vers les cimes, nos âmes sublimées,
dura une rime.   Par la terre abîmée,
tu défaillais sans air, en ta blanche pâleur,
quittâmes à regret   ce beau lieu sur l'heure.

Frères Roger Congard, en nouveau prophète,
par un commun regard   prépare la fête,
des noces de l'agneau, l'univers la messe,
l'unité sans défaut,   en nos cœurs promesse.

Taizé, petit printemps pour le bon Jean vingt trois
au cœur de notre temps trop souvent à l'étroit,
annonce devenir,   l'unité si rêvée,
en proche avenir   l'amour retrouvé.

Pour les chrétiens l'union au delà des nations,
nous met en communion   des dénominations.
Taizé tourné vers l'est relations discrètes
avec les chrétiens d'Est à la foi secrètes.

Taizé n'a de cesse   de révéler l'aimant,
pour notre jeunesse,   l'attirance d'un aimant.
Ce Jésus amène,   aux divines âmes
acceptant l'amen,   son amour en flammes.

Taizé dit de Jésus   la prière totale
divine et sainte   et sacerdotale :
« Qu'ils soient un comme toi, et moi nous sommes
                                un. »
« Pour que le monde croie, qu'eux aussi ils soient
                                un. »

La femme éternelle

Salut à toi lumière du monde,
Salut à toi refuge du monde,
Salut à toi porteuse de cierges,
Salut à toi vierge des vierges,

Salut à toi source d'envie,
Salut à toi prémisses de vie,
Salut à toi ineffable rêve,
Salut à toi céleste trêve,

Salut à toi splendeur de femmes,
Salut à toi parure de femmes,
Salut à toi couronne de gemmes.

Salut à toi perle précieuse,
Salut à toi toute gracieuse,
Salut à toi ô délicieuse,

Salut à toi principe éthique,
Salut à toi rose mystique,

Salut à toi mystère joyeux,
Salut à toi divin joyau,

A toi, mon être, je me donne.
En toi, entier, je m'abandonne.

Le Rêve

Elle dormait dans le val,
là où la Loire dévale
ces vallons qui m'envoûtent
et qui ont nom "La Voûte".

Elle reposait sereine
en sa beauté pérenne,
aux pieds des pins perdus
des sylvestres étendues.

Elle dormait dans les foins
assemblés avec soin,
en sa robe printanière
la rose en boutonnière.

Elle reposait étale
en position fœtale,
tétant son petit pousse
au cœur des tendres pousses.

Elle rêvait ses vingt ans
en un sourire latent,
aux lèvres l'innocence
pour unique indécence.

Elle rêvait sa jeunesse
et je buvais sans cesse,
au sein de la nature
cette femme immature.

Elle rêvait son printemps
et j'aperçus content,
son impudent genou
s'échappait sur la noue.

Elle rêvait à son prince
et c'était moi ce prince,
pris d'une soudaine ivresse
devant cette déesse.

Elle rêvait à son rêve
et c'était moi ce rêve.
Mais la bise câline
frissonna sa narine.

Elle s'éveilla aux cieux
le sourire silencieux.
Je quittais lors ses cieux
et mon rêve délicieux.

Les fiancés de l'an 76

Il est un océan où les vagues collines
écument de forêts, et où le soleil bruine
sous les pins de rayons, qui rosées dégoulinent
en pluie sur les prés verts, les hameaux et les ruines.

Il est un oasis où les montagnes sages
suintent de sources, où sentes et ruisselets
en filandreux méandres, vivifient au passage
cette terre apaisante pour les âmes esseulées.

Il est ...et il y eut, un jour nous revenions
six jeunes de Taizé, en recherche d'union
sous ce toit de la Voûte, refuge pour citadins
en exode vers les mondes oubliés, baladins.

Au cœur du bouquet, une fleur à peine éclose,
les cheveux noirs d'ébènes cerclés d'un foulard rose,
cheminait avec grâce parmi les frondaisons.
Je la suivais épris jusqu'à la déraison.

Je l'enlaçais sans cesse d'un protecteur regard,
ayant pour ma princesse les plus tendres égards.
Mais un jour, la caresse d'un regard l'effleura,
et mon cœur en détresse saigna, et puis pleura.

Mais la quête de l'autre, qui est quête du moi,
et mes amours brisés et mes cœurs qui larmoient,
me firent sidérer et dans l'urgence lancer :
"tu dois te considérer comme ma fiancée".

Lors, dans l'instant le temps suspendit son long
                                                       cours,
se pétrifia latent se figeant dans l'encours.
L'espace aux quatre vents se noya dans l'absence,
s'évanouit au val en tendre évanescence.

Tout ce qui vole, cours, nage, observa de passion.
Ce qui palpite et vit se crispa d'attention.
La création entière s'arrêta dans l'attente.
Le ciel se fit écoute, et l'onde fut hésitante.

Alors tel un long pleur du violon lâché
s'épanouit en fleur sous les doigts de l'archer,
une corde vibra en un long col de cygne
et la voix qui me brise laissa pleurer ces lignes :

"Enfin je te retrouve ma quête inaccessible,
mon prince qui m'éprouve en élans indicibles,
en folles espérances dont mon cœur est la cible,
me brûlant des errances de l'amour impossible.

Enfin tu me reviens ma tendre préférence,
pour revêtir mes rêves de belles références,
de légendes dorées et de folles épopées,
venant en mon orée chasser les mélopées."

Il y eut...et il est un petit lieu caché,
un tendre nid d'amour que nul n'irait cherché,
aux pinèdes inconnues sous la voûte céleste,
là où d'étranges nues sur les puys se délestent.

Il est un nouveau monde, un témoin éternel
qui garde tout à la ronde, le chant surnaturel
par deux êtres entonné, l'hymne qui nous dit Dieu
sur la terre étonné, sur l'onde et sous les cieux.

Il est un site serein où l'éternité des jours
préserve en un écrin, l'empreinte pour toujours
de notre amour gavroche, en la mémoire des eaux,
dans la veinure des roches et l'âme des végétaux.

Toi et moi

Toi et moi pour demain,
et la main dans la main,
marchons sur les vastes ondes
et sur les nouveaux mondes,
les mondes hallucinés,
rêves de ma dulcinée.

Toi et moi pour demain,
et la main dans la main,
aimons, aimons si fort,
que passera la mort,
pour nos deux âmes éprises,
comme caresse de bise.

Toi et moi pour demain,
et la main dans la main,
nos vies, ma tendre mère,
seront rêves éphémères,
nos rêves sempiternelles,
seront vies éternelles.

Avec 3 mots……

Avec 300.000 mots,   te lire un roman,

Avec 30.000 mots,   te dire une pièce de théâtre,

Avec 3.000 mots,   te narrer une nouvelle,

Avec 300 mots,   te raconter un conte,

Avec 30 mots,   te déclamer un poème,

Mais, avec 3 mots,   te murmurer : je t'aime.

Cinq sens

Anne :
Dis-moi les mots, les seuls mots,
Les mots qui chassent les maux.

Pierre :
Demain je serai rayon,
la chaleur sur tes haillons,
qui chasse de ton cœur
toute séquelle rancœur.

Demain je serai le sel,
le gardien universel,
qui couvre l'existence
de tendre assistance.

Demain je serai le lys,
la fleur de royal délice,
qui parfume l'horizon
de chacune tes saisons.

Demain je serai le vent,
l'expiration du vivant,
qui caresse tes tresses
et chasse tes détresses.

Demain je serai source,
le chant de l'onde douce,
Qui susurre à l'oreille
Les mots absents de pareil.

Anne :
Dis-moi les mots, les seuls mots,
Les mots qui chassent les maux.

Pierre :
Demain je serai cinq sens,
pour te dire l'essence,
des choses et des êtres
au-delà du paraître

Anne :
Dis-moi les mots, les seuls mots,
Les mots qui chassent les maux.

Pierre :
Les seuls mots ineffables,
les mots imprononçables,
sauf invoquant l'éther
prosterné au mystère.

Anne :
Dis-moi les mots, les seuls mots,
Les mots qui chassent les maux.

Pierre :
Les mots qui sont l'univers,
qui sont au delà des vers.
Ces mots sondent le monde
et sont source de l'onde.

Anne :
Dis-moi les mots, les seuls mots,
Les mots qui chassent les maux.

Pierre :
Ces mots sont plénitudes,
loin des sens et d'études.
Ils sont magnificences
de l'Être, son Essence

Anne :
Dis-moi les mots, les seuls mots,
Les mots qui chassent les maux.

Pierre :
Les mots sont un seul : AMOUR.

L'inachevé

Rien qu'un poème
inachevé,
pour dire je t'aime
à ton chevet.

Rien qu'une fleur
mais l'ancolie,
et je me fleure
mélancolie.

Rien qu'un pétale
de ton bonheur,
je me régale
quelque soit l'heure.

Rien qu'une larme
entre tes yeux,
et je m'alarme
sous mes aïeux.

Rien qu'un poème
inachevé,
et nos amours
....

J'aime avec A, avec I, avec M, avec E,

Avec A,   je commence le jour avec toi.
Avec AÏ,   je lambine tout le temps pour toi.
Avec AIE, je m'inquiète chaque jour de toi.
Avec AIME, je tremble frileux devant toi.

Avec I,   je ris en te trouvant en joie.
Avec MI,   j'ouïe la musique, ta voix.
Avec MIE, j'ai sans cesse de toi la faim.
Avec AIME, je dis l'ineffable sans fin.

Avec M,   la lettre résume l'envie.
Avec MA,   ma vie, ta vie est notre vie.
Avec AMI, l'éternité est ma cible.
Avec AIME, le silence dit l'impossible.

Avec E,   j'hésite devant ton être.
Avec ME,   je me dépasse du paraître.
Avec AME, la mienne brûle dans l'éther.
Avec AIME, je contemple un grand mystère.

Avec A, avec I, avec M, avec E,

J'hurle jusqu'aux quatre horizons
jusqu'à en perdre la raison,
ce cri qu'à tout vent je sème,
expirant de toi : je t'aime.

Anne et l'antan

Le temps s'écoule
tel l'eau qui roule
de pierre en terre
de terre en mer.

Et moi je viens
et je reviens
vers ces instants
volés au temps,

où la folle flamme
de nos deux âmes
consumait l'âge
de nos visages,

où nos deux corps
jouaient l'accord
d'une symphonie
en harmonie.

Et moi je meurs
et je demeure
vers cet espace
qui me dépasse,

où ma fleur rose
à peine éclose
n'avait d'égale
que ses pétales,

où le doux feu
de ses beaux yeux
pansait pour sûr
mes trois blessures.

Je veux vivre
de ton rire
mille printemps
en ciel d'antan.

Pierre et Anne

Par nos noms enlacés   et ces mots déplacés,
   Avec des vers lacés   dire sans te lasser,
Invoquant ces instants que déroule le temps,
   Ne revoir de l'antan que l'éternel printemps :

Étoiles esseulées,   parmi cent étudiants,
   Nous étions au « pélé », d'affection les mendiants,
Rencontre soixante seize, ou marchant les délices,
   Égrenés par ascèse,   d'une vie les prémices.

Revenue chez ta sœur,   tu chantais à l'envie :
   « Aujourd'hui l'âme sœur, j'ai rencontré de ma vie ».
Échanges de deux jours,   pour se dire en un cri,
   Nous sommes pour toujours, unis c'était écrit.

Pas encore bientôt,   attente et espérance,
   Nous vécûmes trop tôt, de l'amour la carence.
Invité par l'armée,   nous échangions tendresses,
   Exprimés par l'aimé, au cœur de nos détresses.

Et Aurore Pentecôte, la lumière qui éduque,
   Alexandre a la cote, Arnaud le petit duc,
Renaissant Augustin, Dieu éclata sa gloire,
   Noué par le destin, Yahvé donna Grégoire.

Retrouver l'essentiel,   filiation paternelle,
   Nourris du pain du ciel, nous serons éternels.
En nouveaux Séraphins, aimer plus sans détour
   Et savoir qu'à la fin,   seul demeure l'amour.

La déchirure

Je connais deux amants
qui s'aiment follement
d'un amour impossible,
et se sont pris la main
aux cimes inaccessibles
pour construire leur demain.

Je connais deux amants
qui s'aiment follement
habité par le feu,
et qui ont estimé
possible ce fol vœu :
d'éternité s'aimer.

Alors pour un mot aigre
ils écument, vocifèrent,
et d'un geste trop maigre
bien mieux qu'avec un fer,
ils se déchirent le cœur
et s'arrachent leurs rancœurs.

Ils consomment l'amer
d'une phrase excessive,
comme se défait la mer
en vagues successives,
et se séparent de proche
en proche sur un reproche.

Et en se séparant
ils boivent leur ciguë,
se déchirent carrément
en des souffrances aiguës,
et vivent leur adieu
dans un cri silencieux.

Et en se séparant
orphelins inutiles,
redeviennent des errants
en un monde futile,
cherchant l'autre perdu,
sans espoir, éperdus.

Et par douleur ivre
leurs esprits se détachent,
tentent de survivre
en quête d'un port d'attache,
et cheminent sans escale
brisés à fond de cale.

Puis soudain se reprennent,
et tout briser de maux,
pris par l'amour pérenne
l'un tente un vague mot,
l'autre risque un regard
les yeux encore hagards.

Puis leurs yeux se trouvent,
et leurs yeux s'émeuvent,
et leurs yeux se retrouvent,
et leurs yeux se boivent,
et leurs yeux se tiennent,
et leurs yeux s'étreignent.

Puis en petites étoiles
encore endoloris,
soudain leurs yeux se voilent
d'une perle fleurit,
qui devient la rosée
sur leurs joues reposées.

Moi je sais deux amants
qui s'aiment follement
et pleurent à gros bouillons,
et se mouchent leurs larmes
le cœur encore haillons
se retrouvant du charme.

Moi je sais deux amants
qui s'aiment follement,
et savent d'intuitive
certitude qu'ils iront,
en fin définitive,
de l'Amour au giron.

3 L'amour de l'art à Dieu

Nuit gigogne

Et elle vient la nuit
trop noire qui me nuit
si fort et m'ennuie.
Et le jour s'enfuit
derrière les grands buis.

Elle vient la nuit
noire qui me nuit
fort et m'ennuie.
Le jour s'enfuit.

Vient la nuit
qui me nuit
et m'ennuie.

La nuit
me nuit.

Nuit !

La sarabande des lettres et des couleurs

A, Commencement.

A,
Ecarlate, tes lances acérées et perçantes
attachent sur les champs carnage de sanglantes
et éparses carcasses après tes massacres,
Mais le chant des vestales en tête te sacre.

E,
Vert, entente ensemble, légère et leste lettre,
de très belles essences se dressent, de chênes et hêtres,
et s'étendre est détente en les prés d'herbes tendres.
Les lettres prennent thèmes et se mêlent de t'entendre.

I,
Bleu, ciel, vie dressée, de méditer épris,
lien entre ciel et mer, le sensible et l'esprit,
prière des êtres qui s'élèvent vers le septième ciel,
recherche du divin, de principes essentiels.

O,
Ocre, or et trésor, harmonie et douceur,
formes rondes et consommées des femmes en fleurs.
Oeuf et promesse d'onto, nous démontre qu'en somme,
l'éternel orfèvre ne désespère point de l'homme.

U,
Mauve, calice, vin du réel à l'illusion,
matrice créatrice en usuelle effusion,
fleurs de délicates et apaisantes senteurs,
assurance de fruits aux rafraîchissantes saveurs.

Y,
Bleu noir, mort, chute, de yèble la couleur,
tu réveilles en tes yeux les ancestrales frayeurs,
du bacille de Yersin, sinistre peste noire,
au yéti poils noirs et à l'ypérite dame noire.

Y, Tu préfigures la fin.

De la lettre au livre

Les voyelles volèrent ridicules,
comme un chaos de particules,
et tombèrent myriades en pluie fine,
en mots sur des consonnes affines.

Les mots s'entrechoquèrent atones,
en bouillon créateur d'atomes,
et se groupèrent en molécules,
en phrases plus ou moins ridicules.

Les phrases très dissemblables,
se groupèrent en d'innombrables
paragraphes sans aucun accrocs,
formant des molécules macros.

Les paragraphes glissèrent légers,
formèrent des cellules ouvragées,
se bousculant derrière les titres
en devenant divers chapitres.

Les chapitres suivirent les chapitres,
succédant au premier épître,
et l'organisme complexifia,
devint chef d'œuvre qui m'édifia.

J'entrevoyais de bonheur ivre,
l'avènement d'un nouveau livre,
et je regardais tout surpris,
Dieu en son Verbe faire l'Esprit.

Chartres en Beauce

Mille et mille nous marchions à la suite de Péguy,
nouveaux pèlerins l'an soixante quinze alangui.
Partis groupuscules de la Beauce les quatre coins,
pour de nos cœurs éclairer les obscurs recoins.

De prières en échanges par sentes nous cheminions,
sur l'océan des blés, l'épi pour lumignon.
Parfois des flots, les îlots boisés émergeaient,
refuges pour étudiants, du soleil naufragés.

Les froments ondulaient en vagues successives,
et se parsemaient parfois de fleurs excessives :
de frêles coquelicots aux sanguines pétales.

Soudain, émergea du milieu la mer étale,
les deux mâts d'un navire la préfiguration :
deux clochers, phares pour les âmes en perdition.

L'édifice grandissait à nos yeux subjugués,
son vert couvert au sarrasin se conjuguait.

Guidé par le vaisseau de pierres nous convergions,
vers l'astre de lumière en devenant légions.

Enfin nous reçûmes notre récompense ultime :
nous vîmes la cathédrale en ses voilures sublimes.

La Moldaü (Smetana)

L'eau
couve,
l'eau
sourd.

Source
roule,
douce
coule.

Naît d'antre
de terre,
tel ventre
de mère,

si intrépide
en roides gorges,
et si rapide,
tu ne nous forges

que nus chaotiques
et déserts lunaires,
en pur hérétique,
sans un luminaire.

Dans les rocs escarpés,
sur les pierres bondissants,
tu sors en rescapées,
des rochers rugissants.

Encore fougueuse, tu accroches
aux herbes leurs diamants,
parures de perles et de croches,
sous les feux du firmament.

Les gais paysans dans les champs,
en fauchant l'herbe généreuse,
unissent leur vieux lied à ton chant,
au bord de tes rives pleureuses.

Puis les violons en longue plainte,
entraînent des villageois la danse,
et communiquent la douce complainte
à tes flots qui s'apaisent en cadence.

Soudain, le bleu s'obscurcit et gronde,
l'azur jaloux de la fête se rie,
la place se vide de sa ronde,
ciel et terre épousent leur eau furie.

Force contenu, Prague tu traverses,
valorisant ses fiers monuments d'antan
qui, pâles reflets dans l'onde, déversent
en nos cœurs, leurs suaves éclats latents.

Avec ta majesté sereine grand fleuve,
luttant pour ne pas perdre ton identité,
tu t'enfonces, te noies, et ultime épreuve,
tu retrouves la mer berceau d'humanité.

L'Art sublime

Quand de la nuit des âges
tu viens comme un mirage,
hanter mes jours mes nuits
au seuil de mes ennuis ;

Quand frêle silhouette
tu avances muette,
glissant plus que marchant
sur le velours des champs ;

Quand dans mon horizon
tu sublimes l'oraison,
par l'harmonie divine
d'un corps qui se devine ;

Quand tu coules sur l'onde,
que fragiles tu me sondes ;
Quand tu m'approches sereine,
que tu deviens ma reine ;

Alors mon cœur s'accroche
et l'espace d'une croche,
tu déchires mes entrailles
par tes célestes entailles :

Je vis l'étreinte sublime,
tandis que je m'abîme,
la seconde éternelle,
temps d'une ritournelle.

Mais mes grands bras n'enlacent
qu'un vide de tout, hélas.
Mais déjà tu t'enfuis,
tu me laisses et me fuis.

Mais qui dira l'absence
de l'Art, de son essence ?
Qui dira ma blessure,
mon cœur, ma meurtrissure ?

Qui dira ma brisure,
mon être, ma déchirure ?
Mais déjà tu t'éloignes
et trop seul j'en témoigne :

Ainsi pour un instant
d'éternité, un temps
d'effusion, de beauté,
d'amour, de vérité ;

Notre quête, notre vie,
à toi ma Muse, ma vie,
par qui meurent les poètes,
pour qui meurent les poètes.

La mer et le Père

Abandonné de mère,
allongé sur la mer,
en langueur océane,
mon lent cœur diaphane
se dilata au monde.

Je quittais lors l'immonde,
pour l'idoine connaissance,
dont la commune naissance
ne connaît pas l'étreinte,
et n'espère même l'atteinte.

Je me mis en idylle,
en communion subtil,
avec l'Un qui es tout,
sachant qu'il baigne tout,
qu'il est celui qui est.

Je vis les êtres nés,
et les êtres non nés
car dans le sein tués,
toutes les créatures,
et l'humaine nature.

Je vis les lois en vers
qui régissent l'univers,
la minutie extrême
d'un réglage suprême,
qui dit un Architecte.

Je vis, maigre épithète,
la beauté sublimée,
le cantique de l'Aimé
imprégnant tout l'éther
de l'amour trinitaire.

L'amour en feu mon âme
aspira à la flamme,
de l'être non né,
et voulut fusionné
en se consumant.

Et quand dans un élan
je voulus voir mon Dieu,
je revins sous les cieux,
allongé sur la mer,
et orphelin de père.

La chute ascensionnelle

Etait-ce lors dans mon corps,
était-ce hors de mon corps,
je ne sais ; mais je sais,
qu'un jour je saisissais,
de l'éther constellée,
les lumières étoilées,
quand je fus pris en but
d'une ascensionnelle chute.

Par un retournement
mystérieux et dément,
les pieds au firmament,
je tombais dans l'aimant
appel de la nuit vide,
d'un absolu avide,
en chute vers l'inconnu,
en glissade vers les nues.

Je vaguais au néant,
contemplant les séants,
ces lumineux objets,
du ciel les obligés.
Je voguais, de vertige
pris, par les grands voltiges
des astres, ces mondes pluriels
d'un monde immatériel.

Je partais étoilé,
vers les mystères voilés,
au septième empyrée,
par mon âme désirée.
Quand, d'une inattendue
culbute dans l'éperdue,
la terre revint, blessante
sous mes pieds, pesante
à mon esprit retord,
en sa prison, son corps.

L'onde d'amour

Une onde bienfaisante baigne l'univers.
Elle donne un sens à l'évolution créatrice.
Elle est force de vie, élan de pensée, liberté.
Elle est intelligence des choses et des êtres.
Elle est le cœur et la cause des choses et des êtres.
Elle est intelligence du cœur et le cœur de cette intelligence.

Une onde bienfaisante baigne l'univers.
Elle est le cœur et la cause des choses et des êtres.
Elle est connaissance.
Elle est compréhension.
Elle est amour.

Une onde bienfaisante baigne l'univers.
Elle naît de l'amour.
Elle est amour.
Elle va à l'amour.

Tout vient de l'amour.
Tout est appelé à la transfiguration par l'amour.
Tout est appelé à se retrouver dans l'amour.

Car à la fin, il ne reste que l'amour.
Car Dieu est amour, et l'amour est Dieu.

Dieu est amour.

Écoute Israël

Un cri a déchiré l'univers,
il y a deux mille ans.
Un cri a déchiré l'univers,
et le monde en tremble encore...
Un cri a déchiré l'univers,
écoute, ce cri déchire l'univers, encore.

Écoute Israël,
cette nuit n'était pas comme les autres,
elle était la nuit dans la journée.
C'était déjà presque la sixième heure,
et il y eut des ténèbres sur toute la terre.
Jusqu'à la neuvième heure, le soleil fut obscurci.

Écoute Israël,
le voile du sanctuaire se déchira en deux,
la terre trembla,
les rochers se fendirent,
les tombeaux s'ouvrirent,
les corps des saints ressuscitèrent.

Écoute Israël,
ce tremblement de terre,
la crainte du centurion,
des romains qui gardent ;
Écoute Israël ce qu'ils te disent :
« Vraiment, celui-ci était Fils de Dieu ».

Regarde Israël,
cette croix,
cette croix est la croix du crucifié.
Regarde Israël,
cette croix,
cette croix domine le monde pour la nuit des temps.

Écoute Israël,
ce cri, ce cri de la mort,
ce cri de la mort, c'est le cri de l'amour,
ce cri de l'amour, c'est le cri de la vie,
ce cri de la vie, c'est le cri de l'enfantement,
le cri de la nouvelle naissance.

Écoute Israël,
ce cri qui déchire l'univers,
ce cri, c'est notre Dieu qui se meurt d'aimer,
ce cri, c'est le cri de l'Amour qui s'immole par amour,
ce cri, c'est la naissance de l'homme qui devient fils de Dieu,
par la mort de Dieu qui est devenu fils d'homme.

Écoute,
écoute Israël,
le Seigneur est notre Dieu.
Ecoute,
écoute Israël,
le Seigneur est Un.

Le signe de Dieu

Ce poème en dix quatrains est utilisé dans le roman « Le signe de Dieu ». Ce roman utilise le poème pour décrypter un parcours initiatique conduisant les personnages à découvrir **la face même de Dieu**. Le héros du roman va découvrir les sept objets de la quête dans sept lieux différents.

Les objets de la quête et les lieux visités du roman sont réels.

Dix est le nombre des commandements de Dieu donnés à Moïse. Les dix quatrains se divisent en deux parties. La mission est précisée dans les trois premiers quatrains. Trois est le chiffre de la Sainte Trinité. Dieu, c'est trois personnes en un seul Dieu (une seul essence, un seul être). Les sept étapes sont indiquées dans les sept quatrains suivants. Sept est le chiffre de la victoire et de la plénitude.

<u>Mission</u>
De l'argent fait ton deuil, et le trésor cherche.
Il se tient à ton seuil, et te tend la perche.
Au Père soumets-toi, en l'amour unique.
Il te donne le toit, et rien ne te manque.

Pars de la Trinité, et trouve l'humanité.
Mort et ressuscité, vivant d'éternité,
cherche il est source, se mirant au Graal Saint.
Reprends donc ta course, assume mon dessein.

Pars du Saint Calice, et va au visage,
qui fait nos délices, comme le seul sage.
De sa vie se privant, il aime avec passion.
Il est le vrai Vivant, avec consécration. »

Étapes
« Icône consacrée,   patrie Sainte Mère,
les trois sont un sacré, les deux sont au Père.
L'icône est beauté,   du saint monastère,
Dieu Un et Trinité,   au cœur du mystère. »

« Couvert du Saint Esprit, la vierge enceinte
donna Jésus épris,   d'humanité sainte.
Il fit nos délices,   sans équivalence,
trouve le calice,   il est de Valence. »

« Hâtif, se fit homme, pour nos péchés lavés,
et bête de somme,   nous a par croix sauvé.
Celte robe blanche   est couture innée,
maigre maison blanche chez la fille aînée. »

« Tu es San Salvador, par les sang et sueur,
versés en gouttes d'or, pour être la lueur.
Tu laves nos péchés   tel est notre credo,
le suaire taché   est en « Ubi-edo ».

« Halo, il te couvre, de toutes tes erreurs,
va et le découvre,   aux cadurques sans peurs.
Il est sainte tête,   dont nous sommes le corps,
du diacre en-tête,   suis le au son du cor. »

Unis ils étaient forts,   mais survint le pire,
imprimé par la mort,   au plus long empire.
Point taureau malheureux, mais agneau immolé,
ses disciples peureux,   se virent désolés.

S'il est le divin vin,   mais aussi divin pain,
et ne se donne en vain, manne à pleine main.
Dans le pays du corps, vrai icône citée,
faites sonner le cor,   il est ressuscité.

Si nous prenons la première lettre de chacun des sept quatrains nous avons I C H T H U S.

Le mot ICHTHUS vient du grec et signifie : poisson. C'est par le signe du poisson que les premiers chrétiens se reconnaissaient lors des persécutions.

ICHTHUS sont les initiales grecques des mots Iesous pour Jésus, CHristos pour Christ, THeou pour de Dieu, Uios pour Fils, Soter pour Sauveur. Ce qui donne : Jésus-Christ, Fils de Dieu, Sauveur. C'est le fondement de la foi, que l'on appelle le Kérygme.

4 Jeux de mots

Les jeux de mots,
      les mots en joie,
            Chassent les maux,
                  Bonjour ma joie

Le jour du jour

« Au commencement, Dieu créa le ciel et la terre.

La terre était informe et vide ; les ténèbres couvraient l'abîme, et l'Esprit de Dieu planait sur les eaux.

Dieu dit : « Que la lumière soit ! » et la lumière fut. Et Dieu vit que la lumière était bonne ; et Dieu sépara la lumière et les ténèbres. Dieu appela la lumière « jour » et les ténèbres « nuit ».

Il y eut un soir, et il y eut un matin ; ce fut le premier jour »

Le premier jour...
Le premier jour se perd dans la nuit des temps. Heureusement, Dieu a séparé le jour de la nuit dans la nuit des temps...

Le premier jour...
Quel événement, quel jour !
Dieu venait de donner le jour, au jour, au premier jour. Et ce fut le petit jour (l'aube comme une Aurore). Et c'est ainsi que le petit jour a vu le jour.

Bien sûr, on ne donne pas le jour au petit jour au grand jour. D'ailleurs à l'époque donner le jour au grand jour, au vu et au su de tous, cela n'avait pas de sens. En effet, Adam n'avait pas encore vu le jour. Et comme Adam est le père de tous...

Pour percer à jour ce que je viens de dire, il faut lire l'histoire des jours dans la Bible, et quelle histoire !

Lisez la Bible, la Bible est vrai et ne supporte pas le faux, le faux jour.

Lisez donc la Bible en plein jour, d'ailleurs la vérité finit toujours par éclater en plein jour.

Lisez la Bible, de jour en jour, la vérité se fera alors jour, si, si, tous les jours. Lisez la Bible, au jour le jour, un jour ou l'autre vous aurez la révélation, la révélation de la lumière qui ne connaît pas de couchant...

Ah, le premier jour !

Le premier jour fut suivi d'autres jours, de différents jours. D'ailleurs, cela dépend comment on voit le jour, sous quel jour on se place...

Quel jour sommes nous ?

Car il existe différents jours : le jour civil pour les militaires, le jour sidéral pour les astronomes, le jour solaire pour les lunatiques,

Alors les jours, il y en a de plusieurs sortes :

le petit jour, comme une aube, les grands jours, comme des assises judiciaires, (sous l'ancien régime, assises judiciaires tenues par une délégation d'un parlement dans une ville de son ressort), le jour le plus long, ne débarquons pas ! C'est le débarquement, 6 juin 1944.

Chaque 6 juin c'est donc l'anniversaire au jour prés du jour le plus long. Le 6 juin 1994, cela faisait 50 ans jour pour jour que ce jour mémorable avait vu le jour.

Il y a des jours où l'on ne voie pas le jour, ce sont des jours noirs, on est dans la nuit. Nuit et jour, de jour comme de nuit, on est dans le noir. On est dans la nuit, dans le noir, mais pas dans la nuit noire car c'est un jour noir.

Traverser des jours noirs, c'est difficile surtout sans lumière. Mais ce n'est pas parce que les jours sont noirs, qu'il faut mettre fin à ses jours. Ce serait la fin de tout.

Pour mettre fin à ces jours, à ces jours noirs, il faut voir les jours difficiles sous un jour favorable, c'est difficile !

Mais d'un jour à l'autre, cela peut être le jour et la nuit. D'ailleurs du jour au lendemain les beaux jours reviennent.

On a beau dire, un beau jour n'est pas forcément beau, surtout s'il s'agit d'un jour ou l'autre. Et un jour ou l'autre ce n'est pas de jour en jour, de jour en jour ce n'est pas d'un jour à l'autre, par contre d'un jour à l'autre cela peut être du jour au lendemain.

De nos jours, pour être au goût du jour, il faut être vêtu d'étoffe avec des jours, c'est à dire des ajours, comme le disent les dictionnaires à jour. Mais pour s'offrir des atours avec des ajours, il faut travailler.

Travailler de jour, au jour le jour, c'est mieux de nos jours, que de travailler nuit et jour. C'est le jour et la nuit.

La nuit arrive, c'est la fin du jour, rideau ! La nuit tombe, boum ! C'est la nuit bleue, j'en suis vert ! et la nuit bleue n'est pas noire, mais cela peut être un jour noir mais cela c'est une autre histoire...

Les points

Avant le jour, même avant le premier jour, il y a le point ! Le point précède toujours le jour, quelque soit le jour. Que ce soit le petit jour, que ce soit le jour le plus long, le point précède le jour.

Faisons le point ce jour. Avant de voir jour, c'est le point du jour qui donne jour au petit jour. Et de petit jour en petit jour, un jour c'est le jour le plus long, ce jour à point nommé.

Le point nommé, le point a donc un nom. Il existe le point ! Il existe le point, du point de départ au point d'arrivée, de la naissance à la mort.

Un point cela vit, s'interroge, s'exclame.

Un point et un point cela fait deux points. Et deux points peuvent donner naissance à une phrase, une phrase qui s'évanouit en point de suspension, une phrase qui se meurt en un point.

Un point c'est petit, c'est très petit. Un point c'est même tout petit, un point c'est tout !

Un point ce n'est pas tout ou rien, c'est entre tout et rien.

Parce qu'il existe le point, même s'il est petit, ce n'est pas rien. En mathématique il n'y a pas plus petit, cela n'a pas de dimension, pourtant le point existe, et même s'il est souvent noir, et s'appelle alors le point noir, ce n'est pas un trou noir le point.

Courant le monde, Ils vous guettent les points, surtout les points de côté.

Sous tous les climats, aux quatre points cardinaux, ils vous guettent vos points, vos points chauds, froids et de douleurs. Mais, admirant le point de vue, vous faites le point, le point de votre vie.

Alors las des points chauds, vous rejoindrez votre point d'attache, point d'attache qui à défaut d'être un port d'attache, peut cependant être un point d'eau.

Le point d'attache, le lieu de votre point de contact.

Le point initial, qui de point en point fera votre nouvelle ligne de vie. Ce contact qui étant votre moitié, sera votre point d'appui, et préservera vos points sensibles, ces points qui pourraient devenir des points faibles.

Votre point d'attache coudra à petits points, ces points d'Alençon, ou jouera une partie de cent points, qui vous verra marquer un point, et bon prince vous rendrez des points.

Sur le feu le potage surgelé égraine ses points, point de liquéfaction, point d'ébullition, à tel point que la casserole évite le point de fusion.

Si vous aimez la cuisson à point, faites silence à point nommé, même si ce point devient un point d'orgue.

N'insistez pas sur ce point, surtout si c'est un point faible, vous pourriez être mal en point.

Etre mal en point c'est dangereux, au point d'en arriver de point en point, au dernier point.

Point n'est besoin de fa ire le point pour savoir qu'au dernier point, on est en tout point, sur le point de succomber.

C'est là qu'une mise au point s'impose, pour être au point, et ne pas se trouver au point, de ceux qui soulève un point de droit, alors qu'ils sont au dernier point.

Car le dernier point, c'est le point mort, et le point mort, c'est le point final.

Différentes lettres

Au commencement était le Verbe.
Le Verbe, La parole, Le mot.
Le mot, les lettres, la lettre.
Quel lettre ?

Car il y a lettre et lettre. En effet, il y a la lettre qui contient les mots, et il y a le mot qui contient des lettres.

D'aucuns se demanderaient presque si c'est la lettre qui est la mère des mots, ou si c'est le mot qui est le père des lettres. (ce sont d'ailleurs les mêmes qui se demandent si l'œuf est le père de la poule ou si c'est la poule qui est la mère de l'œuf).

Car une lettre, elle vie. Elle vie la lettre. Elle a un pied, car on peut faire quelque chose au pied de la lettre. Elle fait l'amour, et ce n'est pas une lettre ouverte, c'est une lettre d'amour.

Mais pour donner le jour il faut être deux. Deux lettres, cela peut donner le jour à un mot, un petit mot, un mot doux. Et des lettres cela peut donner la vie à plusieurs mots. Et plusieurs mots peuvent faire naître une lettre. Une lettre d'amour par exemple. Et la vie de la lettre continue ainsi jusqu'à la mort. Car la lettre peut devenir lettre morte. Dans ce cas si vous êtes Belge, vous serez prévenus par une lettre de mort (faire part de décès).

Mais plutôt que d'être et de rester lettre morte, la lettre doit passer comme une lettre à la poste.

Une lettre peut donc donner la vie à des lettres par des mots, Des mots simples comme bonjour, surtout si elle devient lettre ouverte, car la finalité d'une lettre c'est d'être ouverte, pour ne pas rester lettre morte.

Ce qui précède est à la lettre vraie, V.R.A.I. en toutes lettres. Il n'est pas nécessaire d'être un homme de lettres pour en convenir.

Il n'est pas non plus nécessaire de sortir d'une faculté de lettres, pour savoir que du papier à lettres, cela contient plusieurs lettres, plusieurs lettres potentielles :
- la lettre ouverte, finalité de toute lettre pour ne pas rester lettre morte ;
- la lettre du château, qui ne fait pas forcément suite à une vie de château ;
- la lettre d'intention, bonne ou mauvaise selon le contrat ;
- la lettre de voiture, pour prouver le contrat de transport ;
- la lettre de cache, ou lettre de marque ou lettre patente, que l'état délivrait en temps de guerre au capitaine d'un navire armé en course ;
- La lettre de service, document ministériel qui conférait à un officier des attributions particulières ;
- Et la lettre pastorale ou mandement de l'évêque.

Mais la lettre pastorale n'a pas force de loi. Et si vous appliquez la loi avant la lettre, vous risquez de ne pas respecter la lettre de la loi. Car pour respecter la lettre de la loi, Il faut lire les mots de la loi. Et si vous appliquez la loi à la lettre, Vous risquez de ne pas respecter l'esprit de la loi.

Histoire de mots

Au commencement était le Verbe.
Le verbe, la parole, le mot.
Le mot ? Un mot ! Quel mot

Zéro et Un.
Zéro mot, c'est le néant. Être zéro, c'est n'être rien, c'est ne pas être. Mais zéro, c'est déjà un mot. Un mot, c'est déjà un monde. Être un, c'est être quelque chose, c'est être. Être ou ne pas être...

Zéro et l'infini.
Zéro mot, un illettré, un non Savoir. Une infinité de mots, une encyclopédie, un Savoir. Savoir ou ne pas Savoir...

Zéro, beaucoup, l'infini.
Zéro mot, Désinformation par absence. Beaucoup de mots, Information. Infinité de mots, Information ou Désinformation par pléthore. Essence ou non Essence (Information ou non Information)...

Les chiffres et les lettres, les lettres et les mots, les chiffres et les mots.
Zéro mot, silence... Un mot, rien qu'un mot, c'est déjà dit. Le mot pour le mot ou le mot à mot, cela ne change rien.
Mais un mot et un mot, c'est déjà deux mots. Deux mots gentils : j'ai deux mots à te dire, ou moins doux : je vais te dire deux mots.

Trois mots, c'est trois fois rien, mais c'est déjà quelque chose.

Quatre mots c'est plus et c'est déjà beaucoup, c'est une phrase et ce n'est plus un mot.

Le mot. Le mot est lâché, où coure t il ?

Un mot. En un mot (c'est déjà dit), je n'ai qu'un mot à dire (je l'ai déjà dit), mais j'ai mon mot à dire (je veux le dire quand même).

Qui ne dit mot consent, mais il vaut mieux toucher un mot à quelqu'un, pour se donner le mot, dire un mot à l'oreille.

Prendre quelqu'un au mot. Mais quel mot ? Un mot d'ordre. Un grand mot, au bas mot. Un bon mot pour faire de l'esprit, un mot pour rire. Un mot doux, un mot tendre pour dire je t'aime, mais pour cela, il vaut mieux écrire un petit mot.

Se payer de mots, c'est moins cher que se payer ma tête. Mais n'ayons pas peur des mots, en particulier s'ils sont seuls.

Un mot, c'est l'ordre, surtout si c'est un mot d'ordre. Mais deux, trois,..., des mots, cela devient vite le désordre, surtout quand ils s'entrecroisent car cela fait des mots croisés.

Les croisés, c'est le bouillon avec Godefroi ! Les mots croisés, c'est jouer avec les mots, mais ne jouons pas sur les mots.

De même qu'il y a les grands hommes, il y a les grands mots. Et ainsi qu'il y a les gros hommes, il y a les gros mots. Mais vaut-il mieux être grand que gros ? Les mots, s'ils sont gros, ce sont les gros mots. Le risque est alors d'avoir des mots avec quelqu'un. Les maux, s'ils sont grands, ce sont les grands maux. Mais heureusement, aux grands maux, les grands remèdes.

Faire l'article ! L'article fait-il le mot, ou le mot fait-il l'article ? Un grand mot, c'est grand comme emphatique. Le grand Meaux, c'est grand comme une ville, Les grands maux, c'est grand à faire peur. Bien sûr, il y a mots et maux, mais entre deux maux, il faut choisir le moindre.

Est-ce une histoire sans fin ? Je ne t'en soufflerai mot. Mais le fin mot de l'histoire, le connais-tu ? Le fin mot de l'histoire, c'est le mot de la fin, car avoir le dernier mot, c'est avoir le mot de la fin.

Histoire de bouts

Devos avec deux mots, vous fait toute une histoire. Pour chasser tous vos maux, écoutez son histoire : une histoire de bouts est à dormir debout.

Le premier bout, début, dont le principal but est de mener enfin au dernier bout, la fin.

le début et la fin, c'est le plus fin du fin.
mais alors là quel faim ! la faim d'être à la fin, pour avoir le fin mot, le fin mot en deux mots.

Car toute histoire à deux bouts, Le début et la fin. Quel que soit sa longueur, elle a toujours deux bouts.

Il faut prendre l'histoire par le bon bout, le bout du début cela coule de source. D'ailleurs elle se construit bout à bout, du bout du début au bout de la fin.

D'abord le bout du début, est écrit sur un bout de papier. Puis par petits bouts, sur des bouts de papier, vous écrivez bout à bout, l'histoire des bouts. Enfin le bout de la fin est écrit sur un bout de papier.

Si vous êtes interrompu à tout bout de champ ou si vous écrivez du bout des lèvres, vous n'en verrez pas le bout.
Si vous êtes interrompu à tout bout de champ, cela vous poussera à bout. Pousser quelqu'un à bout, c'est dangereux.

Quelqu'un à bout, à bout d'arguments, peut être à bout, et, s'il est armé, il y a risque qu'il tire à bout portant. Ce serait la fin du bien portant par un bout portant. Ce serait la fin des bouts, du début à la fin, surtout si vous mettez les bouts.

Quand on écrit une histoire, surtout une histoire de bouts, il faut tenir jusqu'au bout. Au bout d'un bon bout de temps, vous tiendrez le bon bout, le bout de la fin. Vous viendrez à bout du bout de la fin, Vous arriverez ainsi au bout de votre histoire de bouts.

Ce ne sera pas un bout d'essai, car vous en connaissez un bout.

Et vous pensez au petit bout de femme et à leur bout de chou, qui vous lirons dans leur bout de jardin. Pensez à leur marin de mari, fatigué d'avoir rangé les bouts, bout au vent, et gravant dans un bois de bout, « histoire de bouts »

Rien, c'est quelque chose

Une fois rien, cela n'est rien. Mais « cela n'est rien » peut être quelque chose surtout si c'est petit, un petit quelque chose comme un petit rien.

Et rien peut même être quelque chose à part entière si je dis : « Rien de rien », c'est donc que rien est quelque chose dont on peut extraire Rien et autre chose. Et dans ce cas rien, ce n'est pas rien, rien c'est quelque chose dont on peut extraire rien. Vous me suivez, non ? cela ne fait rien.

Deux fois rien, c'est rien, mais deux fois c'est déjà une quantité.
Trois fois rien, c'est pas grand chose, mais c'est quand même une petite quantité de quelque chose.

Compter pour rien, c'est compter plus que compter pour un moins que rien. C'est que rien est plus important qu'un moins que rien, ce qui est déjà quelque chose.

D'ailleurs si je vous dis : A quoi penses tu ? et que vous répondez à rien. Je vous dirai penser à rien c'est penser et penser c'est énorme même si on ne pense à rien, ça c'est quelque chose.

Vous ne voyez rien, mais rien ne m'arrête dans ma démonstration. Vous ne voyez rien, mais cela ne fait rien, en un rien de temps je vous refais la démonstration.

Si vous me dites rien à l'horizon, je vous réponds : il n'en est rien, de deux choses l'une ou bien, votre vue est bouchée par un brouillard ce qui n'est pas rien ou bien, vous êtes bouché, ce qui n'est pas rien.

Mais après votre lecture, ce texte ne le croyait en rien. Ce texte je l'ai écrit pour ne pas être rien pour vous, pour ne pas avoir rien de commun, mais avoir quelques riens en commun ce qui est beaucoup. Je l'ai écrit pour ne plus rien faire, mais pour faire des riens car un rien m'amuse. Je l'ai écrit pour m'amuser ce qui n'est pas rien, m'amuser avec des riens et à des riens. Ce texte je l'ai écrit en moins que rien, comme un rien et pour rien.

Si ce texte vous irrite ce n'est rien, c'est qu'un rien vous irrite. Et si tout cela ne vous dit rien, faites comme si de rien n'était. Si cela vous dit quelque chose dite rien que merci, ce qui me permettra de répondre « de rien »…

L'œuf et la poule

Entre l'œuf et la poule qui est premier ? Vaste débat métaphysique.

Mais l'œuf ne fait pas la poule s'il est vierge. Et la poule ne fait pas l'œuf (l'œuf fécondé) si elle est seule. Car entre l'œuf et la poule n'oublions pas le coq.

Le coq est premier, premier levé au moins, toujours levé au chant du coq. Ne faites pas l'autruche, nous avons tous besoin d'une poule, d'une âme sœur je veux dire.

Emmenez votre élue et prenez la mer ; ou plutôt prenez un navire, mais pas une coque de noix, choisissez une forte coque qui assure la flottaison.

Et là sur le pont, un marin belge plein comme un œuf, bien que poids coq, fait son coq gaulois, se prenant pour le coq du village.

Il a un œuf à peler avec quelqu'un. En l'absence de poulets, Il va y avoir une omelette.

Mais le commandant s'interpose et s'exclame «va te faire cuire un œuf». Le marin répond «n'en faisons pas tout un plat, je vais me faire des œufs sur le plat». Satisfait d'avoir étouffer la révolte dans l'œuf, Le commandant pensa «quel œuf !».

Si votre poule je veux dire votre dulcinée a la chair de poule, proposez lui d'aller à la salle à manger.

Le coq vous servira comme un coq en pâte, une entrée de coque, des œufs à la coque, et son célèbre coq au vin. Le coq, il peut être de faisan, de bruyère ou de roche, mais il est toujours au vin, préparé par ce coq. Le coq fait aussi la poule quand il ne fait pas l'œuf, poule faisane, d'eau, des bois ou des sables.

Ce jour n'étant pas Pâques, il n'y a pas d'œuf… de Pâques, cela ferait trop cloche…

Sans passer du coq à l'âne, ne soyez pas poule mouillée, profitez de ces instants pour écrire un poulet (billet galant).Et là vous l'entendez vous dire «mon poulet»…

Soyez patient, marchez sur des œufs, ne tuer pas la poule aux œufs d'or. Cette poule peut vous donner des trésors, des poussins sportifs en herbe, qui disputeront les poules et descendront les alpes en position de l'œuf.

Qu'elle ne soit pas mère poule, et laisse ses poussins prendre leur envol, grâce à l'école de l'air qui sera leur nouvelle mère poule.

Et fidèle jusqu'au bout à votre poule Vous démentirez le proverbe : «Ne mettez pas tous vos œufs dans le même panier…»

Le pas premier

Le pas, faire le premier pas,
On dit souvent que c'est le premier pas qui compte. Alors que le pas, il ne compte pas, il est compté : 1, 2, 3, 4... Marcher à pas compté ce n'est pas marcher à pas feutré. A pas feutré ce n'est pas militaire. Pour eux, les militaires, il est compté le pas. Enfin il est compté jusque deux par les militaires : 1, 2, 1, 2, 1, 2... Oui, le pas est compté par le narrateur dans le compte présent.

Faire le premier pas, C'est souvent le plus difficile. Franchir le pas (oser), c'est un événement, une étape. Surtout si c'est le premier pas. A faire le premier pas, on risque de faire un faux pas sauf si on marche sur des œufs ou sur les pas de quelqu'un.

On peut faire un pas sans se faire remarquer, dans ce cas il faut marcher à pas feutré.

Alors on peut faire un pas de deux, un grand pas de deux, un pas de quatre (danseur). A deux le pas peut être lourd ou gracieux. S'il est gracieux, il devient harmonieux et pour l'harmonie il faut être deux. A deux le pas peut être, pas de route (normal), pas accéléré, pas redoublé (double du pas normal), pas de course, pas de charge. Cela n'a pas d'importance du moment qu'il reste un pas à deux.

A deux et à cheval, on passe du pas au trop puis au galop

A deux marchons à pas de loup, pour ne pas se déranger. Ne prenons pas le pas sur l'autre (devancer, précéder), donnons au contraire le pas à l'autre (lui donner la priorité).

Et si nous passons un mauvais pas (endroit où il est dangereux de passer, situation difficile) évitons le pas de tir (stand de tir), faisons le premier pas vers l'autre, les premiers pas vers la paix.

Et si nous sommes fatigués de faire des pas, prévoyons alors des vacances en traversant le pas de calais, soit pour aller à la montagne ou nos pas de deux se graveront comme empreinte dans la neige, soit pour aller au pas de tir en Guyane (lanceur spatial)

Faire le premier pas. On dit aussi que c'est le premier pas qui coûte. Parce que les autres sont gratuits ?

On n'a beau dire, il n'y a pas que le premier pas qui coûte. Si vous comptez franchir plusieurs fois le pas d'une porte, d'une porte tenue par des pas de vis, autant acheter le pas de porte.

Le premier pas, dans une histoire, c'est le premier mot. Puis pas à pas, l'histoire se construit.

Pour éviter à l'auteur de faire les cent pas, il faut qu'il avance pas à pas, à petit pas ou à grand pas, mais à pas compté, en restant dans le vrai, donc en évitant le faux pas, jusqu'à la fin.

Dites le avec des Fleurs

Un matin à nul autre pareil, vous rencontrez une rose, une rose, une fleur, une femme-fleur.

Vous désirez lui faire une fleur, et vous la couvrez de fleurs, en lui offrant des fleurs, des fleurs de rhétoriques, ou des bouquets de fleurs.

Si elle est à la fleur de l'âge, offrez-lui une plante en fleurs, cela lui ira comme une fleur, fleur parmi les fleurs….

Être fleur bleue, pour une femme fleur, pour une rose l'espace d'un matin, d'un jour bleu passe encore, mais être fleur bleu par une nuit bleue, c'est la comble !

La nuit bleue, on trouve la fine fleur de la canaille. Cela fleure le soufre, et vous met les nerfs à fleur de peau, et la rose ne dure que l'espace d'un matin….

Feu le feu

Une rencontre qui fait des étincelles, et en un coup de foudre, vous voilà enflammée par votre dulcinée.

La nuit de la Saint Jean, et ses feux illuminant les villages, d'une centaine de feux, sont propices à déclarer votre flamme.

Après avoir demandé : « auriez-vous du feu ? » pour mettre à feu, le feu de bois, vous prendrez feu, devenant tout feu, tout flamme, et vous aurez le feu sacré faisant feu de tout bois !

Elle n'y verra pas que du feu surtout si vous lui offrez les feux d'une pierre précieuse, en lui montrant que votre flamme, loin d'être un feu de paille, est éternelle.

J'en mettrai ma main au feu, vous ne jouerez pas avec le feu, en la soumettant à un feu croisé de questions, évitant ainsi le feu de sa colère.

Et de feu en flamme, de flamme en feu, vous partirez pour vos noces sur un navire, le jour sous les feux de la rampe, la nuit sous le feu Saint Elme.

Vous voguerez la bouche en feu, au milieu des feux de Bengale, entourés de feux de position, en route vers le cercle de feu.

De retour vous êtes pris entre deux feux, le feu de la passion et le feu de vos armes. Et après le feu du rasoir, vous irez au baptême du feu, au feu dans les forêts évitant les feux (de forêt).

Emporté par le feu de l'action, à la vue du gibier vous faites feu de votre arme à feu, feu nourri de votre appétit de gibier, ramassant quelques animaux au pelage de feu.

Et vous la voyez déjà, j'en mettrais ma main au feu, vous demander du feu pour faire cuire à feu doux le gibier, avec force épices qui vous mettront la bouche en feu.

Après le coup de feu et la surveillance des enfants, pour qu'ils ne jouent pas au feu, vous irez au coin du feu, évitant le feu, le feu de cheminée.

Ne vous jetez pas de la poudre aux yeux. Avec les coups de feu il y a danger de prendre la poudre d'escampette. Mais dans la crainte du feu de Dieu et des feux de l'enfer, vous resterez dans la vérité évitant ainsi le supplice du feu.

Vos amours feront-ils longs feux ? Votre amour sera le feu, la vive flamme d'amour jusqu'à ce qu'elle s'écrie : « Feu mon mari m'aimait avant qu'il ne meure à petit feu... »

Le sens bon

Le bon sens, c'est à dire le sens commun, du commun des mortels, voudrait que nous ayons cinq sens.

D'aucuns prétendent que nous avons un sixième sens. Ils n'ont pas le sens des réalités, ils raisonnent en dépit du bon sens, et ont l'esprit sens dessus dessous, je ne peux abonder dans leur sens.

Cela tombe sous le sens, nous avons cinq sens et non six, ne nous laissons pas troubler les sens.

Le sens de mon action, c'est d'indiquer le sens positif, le sens direct qui n'est pas toujours sens unique, le bon sens.

Le jour et la vie

Dieu donna le jour au jour, au premier jour et ce fut le petit jour. Donner le jour, c'est donner la vie. Dieu a donné la vie.

Ce n'est pas une vie, vivre loin de son père, de son Dieu.

Ne faites donc pas la vie. Même si vous gagnez bien votre vie, la vie est chère et votre vie m'est chère. En faisant la vie, vous risquez de passer de vie à trépas, sans avoir connu la vie.

De ma vie, jamais je n'ai connu une telle plénitude de vie, depuis que j'ai rencontré la lumière qui ne connaît pas de couchant, c'est-à-dire « je suis celui qui suis », C'est à dire la Vie.

La vie de Jésus est écrite dans les évangiles, en un style plein de vie, pour une vie bien remplie.

Jamais de la vie je n'oublierai que Jésus nous a redonné, rendu la vie. Il nous fait naître de nouveau. Avec Jésus, nous pouvons refaire notre vie, Et pas n'importe quelle vie, une vie simple, une vie longue, une vie éternelle.

Je lui dois la vie, j'appartiens au Christ à vie. Avec Jésus nous pouvons réussir notre vie, en débordant de vie, et être avec lui à la vie à la mort.

La voix, la voie

« Je suis le chemin, la vérité, la vie » dit le Seigneur.
Le chemin, Quel chemin, Quelle voie ?
« Je suis la voix qui crie dans le désert »
Écouter la voix qui crie dans le désert, pour ne pas prendre une mauvaise voie.

Car il y a voie et voix. Ne restant pas sans voix, je vais donner de la voix par voie buccale. Je vais vous en parler de vive voix plutôt que par voies de communication.

Les communications se font par voies navigables et non par voie d'eau, par voies ferrées, par voies publiques, et même par voie de desserte mais attention de ne pas être dans l'impasse.
Le comble pour une voie, c'est l'impasse, j'en suis sans voix.

La voie, même si elle n'est pas de desserte, sert à desservir un lieu qui peut être si important que la voie en devient sacrée ; sacrée pour la procession grecque qui reliait Athènes à Eleuis, sacrée pour le triomphe romain qui menait au capitole, sacrée pour l'approvisionnement de Verdun à partir de Bar Le Duc.

Si on agit par des voies détournées, voies tellement détournées que l'on n'est plus sur la bonne voie, à défaut d'entendre la voie de la persuasion et d'avoir quelqu'un qui vous met sur la bonne voie.

Il reste en cas de voie de fait à demander la voie de droit et au besoin la voie de recours pour avoir voies d'exécution.

Mais n'oublions pas que les voies du Seigneur sont impénétrables.

Dans le fond

Sur la scène, les acteurs et leur fond de teint, Les actrices avec leur fond de robe, Préparent à fond la pièce, En finissant les fonds de bouteille.

La pièce à pour fond la révolution, Et ses beuveries à fond jusqu'au fond de bouteille. Le comble pour un sans culotte, c'est de na pas avoir de fond de culotte.

Ils entendent à travers le fond (le rideau), Le fond sonore du bruit de fond, De la salle remplie de fond en comble.

Au fond être artiste est-ce un des métiers à risque ? Comme artiste, le fond de la misère vous guette.

En tant que marin, de fond, c'est la vue, un mauvais fond d'œil peut vous envoyer par le fond, le fond de la mer.

Comme sportif la course de fond, à fond de train, est dure pour le cœur. Du fond du cœur, je ne vous conseille pas ce métier

Et comme commerçant vous risquez de perdre les fonds. Surtout si vous faites fond sur des gens sans fond.

Pour acheter un fond de commerce, le fond d'une boutique, il faut faire une mise de fonds, soit à partir de fonds propres (à bas l'argent sale), soit à partir de fonds publics, soit en trouvant d'autres fonds.

Pour trouver des fonds, il faut montrer aux fonds communs de placement qu'ils ne travailleront pas à fonds perdus.

Pour aller au fond des choses, n'oubliez pas que les fonds secrets sont mal vus, puisqu'ils sont secrets, et que pour être en fonds, il faut prévoir le fond de roulement.

Un commerce peut devenir un gouffre financier, un puits sans fond. Un puits sans fond, c'est profond. Mais dans le fond, c'est le fond qui manque le moins.

Tomber, la chute

Et YaHWeH Dieu donna cet ordre à l'homme : « Tu peux mander de tous les arbres du jardin ; mais tu ne mangeras pas de l'arbre de la connaissance du bien et du mal, car le jour où tu en mangeras, tu mourras certainement. »

Adam et Ève mangèrent du fruit défendu. Et c'est ainsi que se produisit la première chute hors du jardin d'Eden. Adam et Ève sont tombés bien bas, et avec eux l'humanité à cause d'un fruit, d'une pomme de discorde...

Les pommes n'ont seulement font tomber, mais en plus elles tombent. Car depuis Newton les pommes tombent. Mais il n'y a pas que les pommes qui tombent, tous les corps tombent, en chute libre, libre ?
Mais où tombent-ils donc tous ces corps ? Ils tombent par terre, où voulez vous qu'ils tombent ?

Pour ne pas tomber, il faut ne pas être dans la lune. Car en étant dans la lune, on peut tomber de haut, parfois même de très haut, surtout si on tombe des nues.

Tomber des nues, pour tomber aux pieds de quelqu'un, c'est tomber bien bas. A moins bien sûr d'être tombé amoureux. Car tombé amoureux, ce n'est pas une maladie. Ce n'est pas une maladie, sauf si l'on en tombe malade.

Tombé amoureux, cela tombe bien si on tombe sur une jolie femme dont la chevelure tombe sur les épaules. Et vous vous voyez déjà tombant les cloisons, tandis que votre épouse tombe à glace une sauce, tout en ne laissant pas tomber la conversation.

Et le cycle de la vie reprend son cours, vos enfants naissent, leurs dents de lait tombent une à une, tandis que vos vieux tombent un à un, de tombe en tombe.

Et le cycle de la vie reprend son cours, les feuilles tombent, la neige tombe, les grêlons tombent, et le vent qui ne tombe pas fait tomber les ruines.

Les ruines, elles viennent de la guerre. D'avant l'armistice qui tomba le 11 novembre. A cette guerre, combien sont tombés au champ d'honneur ? A la guerre, il faut tomber un adversaire, ou se laisser tomber.
De toute façon cela tombe mal, même si vous avez la chance que le sort tombe sur votre voisin, car c'est pas moral de laisser tomber quelqu'un.

Mais à force de tomber, on peut être fatigué et tomber de fatigue. Il vaut mieux alors tomber la veste. Tomber de fatigue, c'est banal, cela peut arriver à tout le monde. Mais si je dis : Il tombe de sommeil devant une tombe, et il tombe dans la tombe, ce qui tombe à pic. C'est une autre histoire. Et si les bras vous en tombent, faites attention de ne pas tomber en syncope, ou de tomber raide.

Remarquez, même si c'est une histoire à dormir debout, cela tombe plutôt bien de tomber dans une tombe.

Mais rester dans la tombe, c'est courir un risque ! Le risque c'est de tomber dans l'oubli.

Alors si quelqu'un tombe dans une tombe, ne le laissez pas tomber, n'oubliez pas de crier : « debout les morts ! ».

Et ainsi votre histoire deviendra une histoire à dormir debout...

Le fin du fin

Une histoire fin prête est prête du début à la fin.

La fin de l'année peut être propice à terminer une histoire, l'histoire d'une amitié par exemple. Une amitié racontée du début à la fin. Le titre : « La fin d'une amitié ». La fin d'une amitié, c'est une fin tragique, même si elle a lieu avant les fins dernières. La fin d'une amitié commence souvent avec une fin de non-recevoir.

Mais pour reculer la fin, il faut l'entretenir, l'entretenir, l'amitié. Et pour entretenir l'amitié rien de tel qu'un bon repas. En fin limier, mettez vous en quête des vins fins au fin fond du terroir. Ils seront appréciés de vos amis, hommes très fins et de leurs femmes aux traits fins, à la taille fine que souligne la robe faite des plus fins tissus, avec des attaches fines que souligneront des souliers particulièrement fins.

Vous servirez les vins en fin gourmet avec des mets fins finement moulus dans des assiettes de porcelaine fine avec des fourchettes et des couteaux à la pointe fine. Et n'oubliez pas qu'un vin fin, servi dans des coupes d'or fin favorise la fine plaisanterie qui se comprend mieux avec une ouïe fine.

Mais l'homme ne vit pas seulement d'amour et d'eau fraîche. Et manger ne peut être une fin en soit, d'autant qu'à force de manger vous risquez de sentir votre fin prochaine. Et vivre ainsi sa fin serait faire une fin triste, D'autant que faire une fin pour faire une fin autant se marier.

La fin de non-recevoir, la hantise de l'invitation ! La fin de non-recevoir, c'est la fin des haricots! Et sans haricots pas de repas qui tienne ! La fin des haricots, c'est la fin du repas. La fin du repas, c'est la fin de l'amitié...

Mais avant de terminer cette histoire, il faut terminer les fins de mois, les fins de mois difficiles. C'est une question de temps, et comme le temps c'est de l'argent... A toutes fins utiles, pour parvenir à vos fins, à vos fins de mois difficiles, prévoyez des moyens, les grands moyens si possibles. En effet la fin (de mois) justifie les moyens.

Pour mener votre projet à sa fin, c'est à dire votre histoire, il faut arriver à la fin du chapitre, à la fin de chaque chapitre. Votre histoire tirera vers la fin au fil des chapitres. Elle touchera à sa fin, avec la fin du dernier chapitre. Mais votre histoire ne prendra fin et donc ne sera fin prête qu'avec le point final qui devrait suivre le mot de la fin.

Mais le début de la fin est-ce la fin du début ?
La fin a un début : le début de la fin, la fin a une fin : la fin de la fin.
Et attention de ne pas confondre, la fin de la fin qui est la fin de tout, et le fin du fin qui est ce que l'on fait de plus fin.
Mais en fin de compte, le fin du fin dans une histoire sans fin, c'est le fin mot de l'histoire.
Et l'on comprend souvent le fin mot de l'histoire avec le mot de la fin !